EL REVÉS DE LO DERECHO

El REVÉS DE lo DERECHO

LITERATURA PARA ADOLESCENTES ESPECIALES

JUAN SEBASTIÁN VALENCIA

©Juan Sebastián Valencia 2003-2010

Story Film House Books:
El revés de lo derecho.
Published by Story Film House™
Story Film House (Bogota - Colombia)
Calle 134# 59A-81 of 607 T2. (571) 3033081 (57)3012794409 -
3007922013
Story Film House (Los Angeles -USA) (424)2530441

 Printed in USA. / Impreso en USA
Printed and distributed in Create Space
by Story Film House.

First edition (eBook) Published by
Story Film House in 2010
ISBN: 978-958-44-6261-9

First Edition (Paper) published by
Story Film House in 2013
ISBN: 978-958-46-4999-7
www.StoryFilmHouse.com

íNDICE

Introducción
Juan Sebastián Valencia

Lo amado y sufrido
de un mundo de sueños

- Tú otra vez
- Sólo un papel
- Abrázame
- Lento… despacio
- Donde no deseé nacer
- Adiós
- Mariposa conoció a gusano
- Enamórate de mí
- Recuerda
- Atentamente
- Espérame
- Ella-Soledad
- Mirarte
- Satín
- ¿Cómo?
- Vuélveme amargura
- ¿Qué es el amor?
- ¿Qué queda después de una promesa?

La semejanza de lo tolerable

- Como hace 20 millones de noches
- Mi amigo el irreal
- De 20 a 30
- Princesa de la oscuridad
- El tren del olvido
- Amor de Ángeles
- La amistad, ¿una mentira? o ¿una mentira verdadera?
- Agradecer

- Tranquila

El revés de lo derecho

- Mil noche y una luna
- Ojos verdes y pelo de químicos… yo el ignorante
- Hoy me di cuenta
- Explotación de placeres
- ¿Que te escriba un poema?
- Llévate mi pañuelo con tu viento
- Siempre hay espera
- Hoy podría morir
- Buen día
- Qué tienes para mostrarme
- Para ese amor…Único
- El revés de lo derecho

introDucción

Con una sensación diferente a la primera vez, escribo una introducción a este pedazo de mi vida que nació como una necesidad de escritura y ahora, hoy, es la vida misma para aquel que le pueda servir. Me dirijo a este lector con mucha gratitud, pues ha sido la verdadera razón para que hoy me siente a escribir.

En el 2003, terminé el colegio en mi ciudad natal Cali. Terminé también mi primer libro "Just a dream" y tomé la pluma otra vez para comenzar la escritura del que sería mi segundo libro "El revés de lo derecho"; me tomó 4 años poder bajar la pluma y cerrar un pedazo de mi vida como lo hice en el 2003, pero con esa misma sensación de la época, volví a escribir y no me he detenido.

En el 2007 terminé "El revés de lo derecho" y sólo hoy, tres años después de ese momento, decido publicarlo para que este lector lo lea.

Aquí encontrarán 55 poemas, pero además 55 formas de ver y sentir la vida.

Debo aclararle a usted, lector, que éste, "el revés de lo derecho", es un libro para adolescentes, ya que fue escrito en mí adolescencia, pero además de eso, es un libro enfocado a aquellos adolescentes que por circunstancias ajenas a ellos, son especiales... y a eso, creo que sólo debe haber agradecimiento, el mismo agradecimiento que tengo hoy para este lector.

Espero sirva de algo; lo hizo conmigo, y sé que, especiales o no, todos los adolescentes tenemos la tendencia a ver todo al revés.

lo AMADO y
SUFRIDO...
DE UN MUNDO DE
SUEÑOS

Lo incierto pero cierto, el amor contra el mundo

¿Qué tan incierta es la vida?
¿Qué tan real es?
¿Qué de cierto hay en cuento al amor inexistente?
¿Qué de incierto es encontrar el futuro en él?
¿Por qué al entregarse con cuerpo y alma se es rechazado?
¿Por qué al decir te quiero se recibe un desprecio?

¿Qué tan cierto es el amor a primera vista?
¿Qué tan cierto hay en el tema del amor no conoce edad?
Y si fuera cierto ¿por qué se huye de él?
¿Qué de malo hay en entregarse y amar sin ser correspondido?
¿Y qué de bueno es jugar un juego de 3 en vez de 2?

Las intenciones son malintencionadas,
muchas veces criticadas, y muchas veces burladas.
Pero para las buenas intenciones no siempre hay recompensas.
El amor a cuenta de todo es ciego, no conoce ni barreras ni obstáculos,
lástima, duele y muchas veces lleva a la muerte.

11

¿Valdrá la pena tanto sacrificio?
¿Valdrá la pena enamorarse de algo incierto?
¿En qué parte de la línea de la vida se encuentra la historia de ese amor que romperá con todo y saldrá victorioso?

¿Será importante esperar? ¿Y la espera valdrá la pena?

Lo mejor, y la cura de todo es el verdadero amor, aquel que responde a nuestras necesidades, aquel que con sólo un beso pone a vibrar cada partícula de nuestro cuerpo, aquel aunque carnal, en el fondo también es sentimental y espiritual.
El verdadero amor es la cura de todo.

¿Pero qué pasa cuando no existe amor de parte en parte? ¿O sólo de una parte?
O tal vez sí existe, pero se esconde creyendo que no existe y no es real.
Borrando todas las fantasías y convirtiéndolas en mentiras.

¿Qué pasa cuando no se entrega por temor que el amor sea tanto al punto de algún día dejarlo en el olvido?
¿Y creer en la posibilidad que la edad no puede con esa carga?

La realidad está a la vista como la felicidad y el amor.
Sólo que somos ciegos a la realidad.

Por qué te conocí
(El rincón de los sueños)

¿Por qué te conocí hoy?
Nunca me había puesto a pensar en eso.
Sólo llegaste ese día a mi puerta, la abrí dejándote
pasar con toda la confianza.

Nunca pensé por qué te abrí esa puerta,
y mucho menos pensé, por qué realmente te
quedaste.
Nunca había pensando por qué llegaban las
personas a mí,
y si se iban,
no me explicaba por qué se iban y no se quedaban.

Pero hoy sí pienso.
Sí me pregunto por qué llegaste a mí,
y más aún por qué te abrí la puerta y te dejé seguir,
Si no te esperaba.

Miro muy dentro de mi corazón ¿y sabes?
no faltaba nada.
¿Así que por qué buscarte?...
Eso es...
No te busqué,
Y tampoco te esperaba.

Sólo llegaste,
como el viento que llega en este momento a mi cara
y levanta suavemente mi pelo.
Llegaste como la brisa de las mañanas y el rocío de
la madrugada.
Llegaste solo,
sin buscarte ni esperarte.
Tal vez por eso me pregunto ¿por qué?
Nunca me había pasado.

Creo que ahora sí la vida me sorprendió.
Qué tal...
Es que ella es muy rápida,
sí me lo habían dicho,
pero no quería creerles.
Me ganó esta vez,
sólo ésta...
pero no me siento derrotado,
me siento al contrario como un ganador,
porque me trajo a ti.

¿Sabes?
Me sorprendió.
Qué rico que ella haya querido sorprenderme hoy,
con tu llegada a la puerta,
con el impulso de mover mis manos y abrirte e
invitarte a que entraras.

¿Sabes cuál es mi decisión hoy?,
ya que estás adentro,

muy cómodo en la sala de mis sueños.
No me preguntaré qué haces ahí,
No me preguntaré más por qué llegaste y por qué te
dejé entrar.
Sólo voy a saber que pasó, y me sentiré conforme
con eso.
Lo demás…
dejaré que ella me sorprenda,

de pronto así puedo escribir un poco más.

Un beso...forma de música

¿Cómo recuerda uno el pasado?,
cada experiencia vivida en ese lapso de tiempo que
dura tan poco.

Cómo recordar ese beso...
Esperar a que el otro no sólo una su boca con la de
uno, sino que se atreva a romper el espacio entre su
mano y la de uno.

¿Cómo esperar a que su mano se atreva a ser la
bailarina de un beso?
Cómo poder someter la mano,
esa parte brusca y tosca, a algo tan sutil y especial.

No hay la verdad explicación alguna,
ni respuesta absoluta.
El pasado seguirá siendo para mí misterioso,
corto,
triste,
de recuerdo,
pero necesario y real.
Así como la mano será siempre la misteriosa parte
que es tan necesaria para poder dar vida a algo que
puede llegar a tener el nombre de amor.

Todo será irreal,
será incierto en este momento,
como este texto que sin razón alguna es digitado en
un teclado de un computador.
¿Por qué se hace tan difícil someter a esa mano a
que tome un papel y un lápiz?,
La forma romántica de escribir esto que no tiene
sentido.
Palabras que salen.
Palabras que vuelan en la mente y que al abrir la
boca se dejan ir con el viento…
Ambos se unen y forman música…

Para aquél que las quiera escuchar.

Con el tiempo…
volverás a escuchar mi voz

Con el tiempo,
mi voz se escuchará más fuerte.
Los oídos de cartílago harán melodías de melodías,
junto con mi boca que muy pronto volverá a unirse a
ti.

Nosotros, en nuestro lecho de sueños,
escucharemos el cantar de las ánimas,
nos detendremos y las volveremos a escuchar.

Haremos de nuestros sueños una historia sin fin.
Haremos de nuestra historia una Traviata.
Haremos de nuestra vida un morir celestial.

Dos Romeos sin una Julieta.
Dos Romeos que aun sin su Julieta,
mueren por el otro Romeo como lo dicen nuestras
líneas de la vida.
Mueren para que en la eternidad,
cantantes celestiales, vuelvas a soñar en la Traviata
de nuestras vidas.

Con el tiempo,
si me lo permites, Romeo,
mi voz se escuchará más fuerte.
Tus oídos se deleitarán con Antínoo,
siendo tú para mí aquel Adriano.
Con el tiempo,
mi voz se escuchará más fuerte,
si me lo permites,
tú,
Romeo.

Créeme que sí existe

Créeme que sí existe,
por lo menos una persona que con un beso puede
llevarte al infinito.
Créeme que hay alguien buscando tus mismos
ideales.
Que se muere soñando en cómo es sentir tu piel,
tus besos,
tu más allá.

Créeme que en las noches de frío,
él también se arruncha solo,
poniéndose cincuenta cobijas y cubriendo su
alrededor con cuatro almohadas,
Porque sabe que habrá una noche donde sólo te
arrunchará a ti.

Créeme que existe alguien que va a querer tomar la
segunda taza de café que ya has venido preparando,
y que le encantaría bañarse en tus sueños.

Créeme que hay alguien que sueña con quedarse en
casa,
Olvidando el mundo para así crear uno
único…contigo.

Créeme que hay alguien que va a ser capaz de leer
cuando tú lees en voz alta.
Qué al dormirte se quedará despierto para
admirarte.

Créeme que sí existe alguien.
Si no,
déjame creer que sí.

Volver

Hoy vuelvo a dejarte un poema,
que se leerá y se desgastará cuando tu boca lo
consuma.

Hoy volví a despedirme de ti,
pero de nuevo tu cuerpo no estaba para recibirme.
Volví no sé si para ser tuyo,
o para que tú fueras mío,
pero el recuerdo por inercia propia me trajo a ti.
Volví para verte sonreír,
para soñar con tu mirada.

Volví para quién sabe qué.

Volví para ponerle nuevas tuercas a esta máquina de
sueños.
Volví para sentir tu corazón ahogado de placeres.
Volví para escuchar música.
Para arrullarme con tu respiración,
y tomar de almohada tu pecho.
Para ver la luz que transmiten tus ojos.

Volví para tener ganas de seguir volviendo,
pero volví cuando tú ya no estabas.

Enamórate de mí

Enamórate de mi cigarrillo,
de mi forma de dejarte cada día.
Enamórate de mi pelo y de mis pies.
Enamórate de mí,
sólo de mí,
aun cuando te digo que no me hables…
¡Pero enamórate!

Enamórate de mí,
cuando te beso,
cuando cierro los ojos,
cuando los dejo abiertos para ver los tuyos cerrados.
Enamórate de mis peleas,
de mis gritos,
y de mis lágrimas de arrepentimiento.
Enamórate cuando te miro,
cuando mis ojos no ocultan mi amor,
cuando brillan,
cuando te miro.

Enamórate tú,
Que yo ya lo hice.

Recuerda

Cuando camines por las calles de Madrid,
toma mi mano,
yo lo haré caminando por la Candelaria.

Cuando sea diciembre y si no estoy a tu lado,
y el frío te consume y te hace soñar en tiempos
donde...
nos acostábamos, donde nos calentábamos.

Yo te abrazaré,
a ti,
a tu ausencia,
a tu necesidad.
Yo lo haré acostado en mi lado,
el que cada uno decidió solo,
dejando tu lugar ausente...
acompañarme,
consolarme,
hablarme.
Porque pronto estarás tú, aquí de regreso.

Cuando alguna vez te hable por teléfono,
y lágrimas salgan de mis ojos...
no te sientas mal,
sólo recuerda que en ese momento,
me haces más falta que nunca.

Si tú dudaras que no te esperaría,
estás completamente equivocado.
Estaré aquí.
Esperándote.
A ti,
a tu ausencia que se irá y volverás tú...
de reemplazo.

Yo te espero.
Tú, camina,
conoce,
imagina,
sueña,
vive.

Yo te espero...
Siempre lo he hecho.

Si no... si no, no podría dejarte ir.

Atentamente

Mira el cielo,
atentamente.
Si sólo pudieras hacer palpitar tu corazón con el
movimiento de las nubes.
Suave, lento, relájate.

Hoy miro al cielo,
creo imágenes,
imágenes de mi mente,
imágenes de mi corazón.
Si los dos miramos al cielo,
no yo,
no tú,
los dos,
pares,
parejas
tú y yo.
Para que no sean sólo nuestros
descubrimientos,
sino, para que los tuyos se entretejan con los
míos,
y juntos,
pareja los dos,
poco a poco los hagamos realidad.

Espérame

Espérame,
espérame a que llegue,
sólo me estoy tardando.

Espérame,
no mires tu reloj,
siéntate en tus sueños,
Y espera mi llegada.

……..

Apúrate,
estoy cansado en este asiento sin alma,
mis glúteos ya no tienen forma,
y mientras el tiempo pasa por mi cuerpo,
Se escurre con el tiempo.

Apúrate,
de prisa,
no es que me vaya.
Me impacienta…
no verte,

no sentirte.
Yo esperaré,
a que llegues,
a que termine de volar por mis sueños,
y si hasta eso no llegas...
comenzaré a volar por los tuyos.

Ella

Ella decide pasar por mi casa,
darme una visita,
darme un café,
café con leche.

Ella decide pasar y saludar,
hoy.
Tal vez nunca lo había hecho,
tal vez siempre había sido mi imaginación.

Pero esta vez decide pasar,
ella,
al lado mío.
Tocarme,
soplarme,
susurrarme,
Amor.

Ella…
La felicidad,
la que había soñado.
Ella,
ella inesperada…
vino a saludarme hoy.

Mirarte

Si miras mi cara,
Sólo tengo muestras de mis derrotas.
Tengo un corazón palpitando,
y una sonrisa para tus días grises.

Si te miro a la cara,
no veo que me ames,
no veo tu seguridad,
más que tu inseguridad…
jugando escondidas.
Tu seguridad,
esa que por alguna razón yo podría haberte
brindado…
Si te miro,
a ti,
a tu cara,
veo el amor que siento,
pero no el que sientes.

Mírame por primera vez como si fuera la última.
Mírame con ganas de besarme.
Que tu boca ansíe la mía,
que sienta en tus labios cuánta falta le hacía.

Que si me abrazas, tu cuerpo se quede pegado
al mío,
y que si me haces el amor...

sea esta vez por siempre.

Satín

Cubre tus mentiras con satín,
que nadie vea lo que pretendes,
que tu sonrisa oculte el engaño,
que tus palabras no produzcan dolor.

Cubre tus mentiras con satín,
con colores pasteles,
con el paisaje de tu país,
y el invierno de tu residencia.

Cubre tus mentiras para mí,
aquellas de satín,
las que llevas dentro,
las inaceptables para mi mente,
las piadosas de tu cuerpo,
las que me hacen daño...
Esas,
las que son de satín.

Cómo

Cómo despedirme,
si aún no te he saludado.

Cómo terminarte,
si aún no hemos comenzado.

Cómo dejar de besarte,
si tengo tu boca frente a la mía.

Cómo olvidarte,
si estás grabado en mi mente.

Cómo dejar de amarte,
si apenas comienzo a entenderte.

Vuélveme amargura

Despídete del aroma que este año dejaste.
Despídete de los sueños...
Algunos ya los cumpliste.
Despídete de las alegrías,
hoy mi sonrisa se vuelve amargura.

Despídete de la carne,
mi cuerpo,
carne como la tuya...
hoy, tú y yo, moriremos de hambre.

Despídete de la ausencia,
se ha ido...
Llegó la soledad.

Despídete de los sueños,
los tuyos,
los míos,
los que construimos los dos,

los que no volviste realidad.

Abre los ojos,
deslúmbrate,
asómbrate,
respira….

Por fin me he ido.

¿Qué es el amor?

Entre la desilusión y el desespero.
En la impaciencia y la tranquilidad.
Entre lo real y lo no existente.

¿Qué es el amor?

Niño aquél que camina tomado de la mano,
aun cuando su cara no termina de cambiar,
cuando su voz busca un tono,
y su personalidad un lugar.

Él sueña,
disfruta,
vive,
se ilusiona,
piensa en el futuro,
se mece con un suspiro,
vuela entre sueños,
e ignora realidades.
Baila con las nubes,
con su coro de aves,
y ni un grupo de góspel, perfecciona su
lenguaje.

Él baila,
sueña,
se ilusiona,
confía,
y cree.

¿Qué es el amor?

Dos puntos de luz,
de luces distantes en el tiempo.
La realidad se junta con la "no" realidad,
ella que en el pasado había sido real.

Se juntan
para soñar y detenerse,
para cantar y callar,
para suspirar y dejar el respiro,
para mirar e ignorar.

¿Qué es el amor?

Palpetuosos carmelotes de un sueño

Ayer soñé contigo,
como hace tiempo no lo hacía.
Soñé contigo,
como pocas veces de verdad lo deseaba.

Te soñé,
me desperté,
te besé,
te toqué,
en mi sueño,
me desperté.

Besando tu boca que analaba por la mía,
en tu llanto reprotector de lágrimas
cristapuestas,
sobre tu rostro, berbetuoso de tristeza.

Pero en este sueño sólo llegué ahí;
en soñarte,
en despertarme,
en besarte,
en tocarte,
en mi sueño.

Del que tu boca añoraba por palpetuosos
carmelotes de mi infraternidad.

Pero sólo llegó ahí,
no más.
Me desperté,
y no,
nunca,
jamás,
notelgico…

Pasará.

Soñando en el lugar donde aún nos abrazamos

Si tú quisieras estar conmigo,
como en aquellos viejos tiempos lo hacías.
Si quisieras ser parte,
otra,
y por última vez,
de mi cuerpo.
Anhelando, amurallando, ausmanando
aquellos petales que tú antes deseabas.

Si quisieras que mi boca te besase por última
vez,
tan sólo tendrías que soñar con aquellos
tiempos,
donde aún, bajíos con continuidad,
saltando paso a paso lo nublares
de tu infinetitad de tu ser,
te besaba.

Pero ya no sueñas.
Ya no llegas a esos lugares,

donde aún, unidos infratectusos ,
nos abrazamos.
Ya no sueñas en llegar ahí,
en aquel lugar tempestuoso de alegría,
donde aún,
y sólo los dos...

Estamos.

Un poco

Sólo un sorbo de tu nombre,
para después decirte coquis,
mi coca cola.
Sólo un sorbo de tus labios,
para envenenar mi cuerpo con tu amor.

Sólo un poco de tu espíritu,
para no tener que preocuparme por el mío,
porque me puedo recostar en el tuyo.

Sólo un poco de tu tiempo,
de tu reloj corazón,
para aprender a esperarte,
a la medida de tu mente.

Sólo uno,
un poco,
sólo,
de tu corazón,
reloj palpitador,
para hacer de mi espera,
la misma tuya.

Tú otra vez

Otra vez,
sólo tú.

Otra vez,
sólo yo.

Otra,
única,
vez,
Tú.

Otra,
yo.

¿Ves?,
los dos.

Al fin,
tú y yo.

Cartón papel

Un papel,
sólo uno.
Un pedazo de cartón,
de cartón papel,
que con estas lágrimas se destruirá,
otra vez,
por segunda vez,
como no deseé que volviera a ocurrir.

Sólo un cartón,
cartón papel,
combinado con tinta azul,
azul del cielo,
y manchado de aguas lagrimales,
que diluirán el color,
haciéndolo claro,
como lo no oscuro,
claro, como lo que de verdad siento.

Tan sólo un pedazo de papel,
lágrimas,
cartón
y tinta.
Un corazón,

corazón mío,
corazón roto,
tuyo,
roto,
como el mío.

Sólo un papel,
para hacer que la razón pueda más que el
corazón,
que la razón le gane al corazón.
Porque todos aprendemos de nuestros errores,
y si tuviera la vida sólo para vivirla,
aprendiendo de aprender,
seguro sólo con un cartón papel,

me perdonarías.

Abrázame

Abrázame por última vez,
sin besarme.
Pon tu brazo alrededor mío,
en mis hombros,
en mi cintura,
pero abrázame.

Abrázame fuerte,
como si fuera la última vez,
Porque ésta es la última vez.

Abrázame a mí,
sin besarme,
fuerte.
Pon tu energía y únela a la mía,
déjame sentirte,
déjame a mí,
también abrazarte…
Y mientras lo haces,
cierra los ojos,
fuertemente.

Finge así sea una sonrisa,

porque no podré ver tu cara mientras me
abrazas,
porque yo también estaré abrazándote,
pero hazlo.
Sólo esta vez...
Porque es la última vez.

Lento… despacio

Despacio,
lento,
con calma.
Para tener la oportunidad de volver a besarte,
a ti,
a tus labios,
a tu cuerpo.

Lento, como al caminar
para conseguir una respuesta.
Un sí deseado,
una respuesta rotunda.

Lento,
con calma,
para que tu boca,
se vuelva a unir a la mía.

Donde no deseé nacer

Esta es mi ciudad,
donde no deseé nacer...
Soñando de soñar,
en aquellos montes lejanos,
donde las montañas se vuelven edificios,
y el cantar de las aves un pito de un tren...

Esta es mi ciudad...
que huele a caña...
en donde no deseé nacer,
pero que se encargó de construir,
las huellas en el pantano donde mis pies hoy
caminan.

Esta es mi ciudad,
que me mostró el amor,
amor mío al tuyo,
amor a mi hombre amado,
amado para mí; hombre del campo.

Esta ciudad que huele a girasoles,
donde se respiran ilusiones...
Aquella donde no deseé nacer,
pero en la que hoy sueño vivir...
porque estás junto a mí.

Adiós

Hoy te pienso,
y mientras lo hago te extraño.
No estés triste,
tan sólo terminamos.
Mañana que lo veas olvidarás esta tristeza y
sonreirás.
Mientras yo, en mi soledad y la ilusión,
fingiré una sonrisa,
para que cuando nos perdamos en la lejanía,
lo hagamos con la cabeza arriba y con nuestros
labios estirados.

Sabiendo que nos apoyaremos en cualquier
circunstancia,

Fingiendo que nos seguiremos amando, aunque
sea sólo en este último adiós.

Mariposa conoció a gusano

Mariposa conoció a gusano en una tarde
lluviosa que llevaba así hace unos cuantos años.
Lluviosa, nebulosa y fría.

Gusano acababa de nacer hace pocas horas y
deseaba ser como Mariposa.
Su problema era que él no sabía que Mariposa
era lo que él quería ser.

Mariposa como siempre brillante y escarchosa
dejaba sin aliento alguno a Gusano que era
drogado con sus alas tricolor.

Mariposa decidió mostrarle el mundo a Gusano,
lo tomó de sus pequeños pies y lo abrazó con
sus alas.
Gusano sintió protección… nunca la había
sentido… sabía que nada le pasaría.

Volaron juntos… para él años, eternidades y
horas de sol, en la realidad tan sólo horas.
Hasta que Mariposa mientras volaba lo besó y
cayó al piso.

Gusano la tomó de sus alas y dejó caer en ellas lágrimas que nunca saldrían de un Gusano, pero Mariposa no respondió a sus lágrimas, sus ojos estaban cerrados y sus alas ya no aleteaban.

Gusano no entendía qué pasaba y mucho menos por qué sentía tanto dolor.

Así que Gusano se encerró con ella en un capullo que él mismo se encargó de construir, y ahí durmió por toda su eternidad abrazando el cuerpo sin vida de Mariposa, la única que había amado, la única que amaría.

Ella, su Mariposa y él pronto Mariposo, para llevarla a ella, como ella lo hacía en sus alas, y seguir conociendo esos lugares que soñaron, pero que por el tiempo no habían alcanzado.

¿Qué queda después de una promesa?

¿Qué queda después de una promesa?
¿De un beso en la lejanía acompañado de
estrellas fugaces de llanto y relámpagos de
soledad?
¿Qué queda después del amor?
El no dicho.
El amor.
El dicho y el no dicho.
El amor.
¿Qué queda después de una lágrima?,
la sonrisa llega acompañada de dolor y de
pena,
pena ajena,
pena aquella.

¿Qué queda después de una promesa?
Rabia.
Infinita rabia hacia lo no deseado.
Rabia ajena,
rabia propia.
Rabia, esa que se siente con ganas de matar…
al corazón.
Apuñalarlo, sentirse usado, sentirse burlado,

sentir que la promesa se va como estrella fugaz
y el llanto y la soledad se apoderan de la mente,
del espíritu,
de los dos combinados porque así me lo
enseñaste.

¿Qué queda después de una promesa?,
una carta rota para terminar un libro, una
soledad hacia lo cercano…
hacia el libro.
La tristeza de terminar con una despedida,
mala,
mala despedida,
esas que uno no desea.
Al perdón de los lectores que después de una
historia de amor,
aquellas que se leen en las novelas románticas,
que se escuchan en la ópera,
que se recrean en el cine,
y que se sienten en el teatro.
Esas que impulsan a vibrar,
a vibrar los dedos al teclear.
Esas promesas de alegría,
Las que se acompañan de paisajes y de flores,
de olores infinitos,
de fragancias desconocidas,
absurdas,
desconocidas.

Lo absurdo....
Como la fragancia se vuelve real,
se vuelve propio,
se vuelve el intento,
de la prendida de un cigarrillo que se apaga por
el teclear,
el absurdo teclear.

¿Qué queda después de una primera cita?
Frases desligadas,
unas con otras.
Que no forman una oración,
destruyen la palabra.
Esas promesas que destruyen el infinito,
el cielo estrellado y las luciérnagas de furor.
Esas promesas que las guarda uno en el alma,
que lo obligan a soñar,
y deja de ser una obligación.
Que hacen creer en un futuro,
que se encargan de forjarlo,
que se encarga de hacerlo realidad.

¿Qué queda después de una promesa?
Queda la promesa,
esa que se lleva en el corazón.
Queda en un recuerdo.
En una foto.
En un palpitar.

En un teclear.
En una caricia.
En un beso.
En el amor no dicho.
Se queda en la promesa,
esa que no pasa más allá,
que se queda intacta,
que se guarda en la mente y en el espíritu…
ambos combinados.

Una promesa se queda
En el momento.
En el momento de la despedida.
En el no mirar atrás al decir adiós.
En el decir no pasa nada.
En el callar.
En el reír.
En la mano que se aprieta con dolor,
con dolor de despedida.

¿Qué queda después de una promesa?
El seguir en el cielo,
entender la realidad,
y vivir la promesa como un momento…

y continuar con la realidad.

Viviendo en el ayer

No puedo dejar de vivir en el ayer.
Cada paso que doy,
me recuerda el pasado.
Cada pensamiento de un futuro,
me lleva a un recuerdo.

Me siento hoy en un asiento,
del salón (1) en clase de literatura.
Un profesor que apenas puede pronunciar sus
palabras,
habla sobre la representación.
No puedo ignorarlo,
no puedo ni siquiera ponerle cuidado.

Me siento aquí,
en esta soledad de pensamiento,
tomándome cada segundo el corazón,
sintiéndolo latir.
¡Sigo vivo!
Pero no puedo quitarle a él,
el dolor que creo no será nunca curado.

¿Hubiera viajado?

¿Qué hubiera pasado si no me hubiera alejado
de ese amor tan real?
¿Estoy en un viaje?
¿O sólo alejado?
La vida decidió que no viajara,
que afrontara todo,
con el rechazo de aquel papel que decía
"puedes irte."
Tapé mis ojos,
oculté mis sueños,
evité mostrar que pasaría,
y soñé en una realidad,
que ya estaba marcada para ser un final.

Pero un sueño no dura mucho en el mundo real,
pasa como centella ante mis ojos
y se desvanece como el humo.
Y hoy...
después de tanto,
sigo viviendo en al ayer,

añorando que hoy, fuera ayer.

No tengo nada

De ti no tengo nada más de lo que me dejaste.
Y quisiera poder tenerte aquí a mi lado de
nuevo,
viviendo como siempre se soñó,
pero ahora no tengo nada de ti.

De tu cara, sólo tengo tres fotos y los recuerdos
que hay detrás de ellas; tres fotos que hicieron
que mi familia supiera de mi amor hacia ti.

De tu sonrisa, tengo el recuerdo de tus braquets
y un cepillo de dientes azul ya desgastado,
que utilizaste por varios meses,
y que hoy se encuentra guardado en un cajón.

De tu sonrisa tanto de alegría,
placer,
rabia.
Tengo tu chapstick de sabor natural,
que sin darte cuenta te robé,
para así,
poderte besar aun cuando no tenía tu boca.

De tus brazos,

tu pecho
tus piernas,
no tengo nada más que la sensación que
dejaste impregnada…
como si aún me tocaras.

De tu voz,
tengo la canción de Alex Ubago,
junto con los mensajes que por dos años
dejaste en la contestadora.

Y de tu ausencia no tengo más que estas
lágrimas,
que te extrañan,
que te aman,
que te quieren junto a mí,
que te quieren cerca,
que te quieren a ti.

Pero aun así no tengo nada de ti,
porque no te tengo aquí.

Te sueño

Noche,
día.
Día,
noche.
Con los ojos abiertos,
con los ojos cerrados.
En la mente,
en el corazón.
En el interior de los sentimientos,
siempre estás tú.

Mi vida,
la tuya.
Nuestra historia,
ha dado una vuelta completa,
y todo parece ser un ayer lejano,
y cercano para mí.

Lágrimas cristalinas,
temblores necesarios,
hacen de los sueños una realidad soñada.

Te sueño en los sueños
y en lo sueños reconozco la ficción,

no sólo la que sueño,
sino la que deseo cada día.

¿Qué pasará?
¿Cuándo será el momento en el que tú dejes de
ser mi continuo sueño nocturno,
y que nuestro regreso,
nuestro abrazo,
nuestro beso
sea una realidad?... ¿real.?

Tu ventana

Una vez a la semana,
miro tu ventana.
En muchas ocasiones tu luz está encendida,
en otras la persiana está cerrada,
pero nuestra alcancía sigue en el mismo lugar.
Muchas veces me siento en el andén
y contemplo tu ventana y lo que alcanzo a ver
de ella.
Miro con tristeza aquel lugar donde fui feliz un
día
y aún hoy, no soy ni una visita más.
Mientras miro,
me tele transporto en un sueño
y tú, al otro lado de la ventana,
estás dormido en un colchón en el piso
y yo te beso la mejilla...
Tú sólo sientes un viento.

Una vez a la semana,
como si fuera un viento,
te beso en la mejilla
mientras duermes y yo miro a tu ventana.

Sólo necesito

Me haces falta a mí,
seguro más de la que yo te hago a ti.

Me hace falta tu sonrisa,
porque sin ella aún no he podido aprender a
respirar.
Me hacen falta tus brazos,
porque con ellos aprendí a tocar.
Me hacen falta tus piernas,
para poder volver a caminar.

Pero yo seguro no te hago así de falta…
Pero es que yo soy tu reflejo.

Y así, necesitándote como te necesito,
la vida no hará lo posible para que tú me
necesites,
pero es lo único que deseo,
es lo único que necesito.
Necesito más que cualquier cosa,
lo único…
Necesito que me necesites.

Pero hoy sólo hoy, como hace varios hoy,
seguiré respirando sin tu boca,

tocando sin tus brazos,
y caminando sin tus pies.

Solo con mis sueños,
esos que tú construiste,
pero que en tu necesidad, aún no vuelves
realidad.

Si pudiera

Si pudiera verte y no sentirte,
admirarte a ti, a tu ser, a tus labios,
sin tener la necesidad de besarte...
Poder mirarte sin la necesidad de amarte.
Admirarte a ti, a lo que eres y lo que fue.

Quisiera poder mirarte a los ojos,
no iluminarme,
no amarte,
tan sólo mirarte.
Mirarte y sentirte,
tocarte y no tenerte.

Me gustaría tomarte de la mano, amigo,
como mi amigo,
pero muero por ti amigo.

Si pudiera tan sólo...
saber que me recuerdas a lo que soy capaz de
sentir,
pero como fue y no como es.

Pero un amigo no brilla así,
así que…
no puedo dejar de verte, amigo,

sin tener las ganas de tenerte.

No estoy ahí

No me busques en otros...
no me vas a encontrar.
Estoy aquí,
cerca,
a tu lado,
junto a ti...
Mírame.

No me busques en otros...
no lo intentes hacer.
Porque no me vas a encontrar.
Olvida la edad,
auméntame tus años deseados,
vísteme de paño,
y engórdame con tus besos...
porque no me vas a encontrar en otros...
No.
Nunca.
Sólo soy yo.
Yo.
Sólo
ese que intentas buscar,
pero no lo encontrarás más.

LA SEMEJANZA DE LO TOLERABLE

Como hace 20 millones de noches

Duermen hoy,
tranquilos y relajados,
suspirando la vida que hoy les pasó como un
rayo,
que pasó y se fue,
haciéndolos de hoy a mañana un día más viejos
pero a la vez un día más jóvenes.

No los veo,
los oigo.
Han cerrado su puerta para tener privacidad,
para dejar que sus almas se unan una vez más,
como lo han venido haciendo hace 20 millones
de noches,
y lo hacen hoy, sin falta alguna, y lo harán hasta
el final.

Tomados de la mano, se irán a un recinto que
los acogerá con sus más lindos recuerdos.
El suspiro los acompaña y una música leve que
sale de su boca corrobora su paz...

No los veo porque cerraron la puerta para tener
más privacidad,

para ser los únicos en poder volar,
para que nadie los interrumpa,
para que sean ellos quienes vuelen,
para que sean sólo los dos,
como lo han venido haciendo hace 20 millones
de noches.

Yo...
Yo sólo los oigo y los admiro
y añoro tener eso.
Pero por ahora iré yo solo, sin tomarme de la
mano del de al lado.
Sólo tomaré mi mano y la pondré en mi pecho y
escucharé mi corazón,
y los suspiros de ellos harán música juntos.
Cerraré mis ojos y añoraré poder algún día
llegar a ese lugar donde ellos siempre juntos,
como lo han venido haciendo hace 20 millones
de noches,
siempre sin falta alguna, hacen su visita.

Mi amigo el irreal

La tristeza y soledad son acompañantes
permanentes en la vida de aquél ser humano.
Soledad y tristeza de su corazón adormecido
por el tiempo,
el espacio y la distancia.
Adormecido y despierto, flácido pero real.

La verdad ninguna de las anteriores son reales,
ni siquiera su corazón,
ni siquiera su tristeza ni su soledad.
Pero es triste ¿no?
¿saber que su tristeza no es real?,
así que, ¿qué es real para él?
¡Nada!

No se puede saber que es real para una
persona...
La realidad es subjetiva,
se somete a cambios y se somete tanto a la
mente y al corazón.
¡Sí!, el corazón,
tal vez es el único con la respuesta.
Pero que se cree tener en el corazón...
¿NADA?

Es imposible no tener nada en ese órgano, es el
único, sin contar la mente, que guarda cada
instante de lo que ocurre…

Porque nunca ocurra nada.

Tiene tanto el futuro, el presente y el pasado.
Es el único que tiene ambos en uno solo,
y a la vez no tiene nada.

Nunca nos debe dar tristeza de este personaje,
¿Por qué?
Porque es mi amigo.
¿Existe?
¡Claro que existe!
en mi corazón…
¿Real?

Sí,
para mí,
pero no para ti.
Para ti no existe,
nada es real.
Así como para ti sí existe, para mí no.
Por eso es mi amigo,
sí existe,
para él,
pero no para ti.

De 20 a 30

Hace 10 años y 5 días,
antes de mi nacimiento,
naciste tú,
creado de un fruto de amor,
óvulos,
y espermatozoides.

Saliste de un vientre que se alejó de tu cuerpo
hace nueve años,
y que hoy, volvió a ser parte de tus sueños.
Por 30 años viste lo que querías ver,
y tal vez no debías.
Bebiste del néctar de aquella manzana
prohibida,
y gracias a eso,
tu corazón latió fuerte por alguien que llevaba
como tú la letra H que te ponía en un género.
Perdiste pétalos y creaste espinas,
pero todas ellas como caparazón
de un hermoso tulipán.
Hace unas noches ese vientre,
que creíste perdido,
Volvió a ti
para aceptarte,
para darte una aceptación de lo que creíste no
ser aceptado.

10 años y 5 días después,
que el óvulo y los espermatozoides crearan a un
hombre,
nació un niño
con ideas e ideales,
tan infantiles como su edad.
Con el paso del tiempo,
creó espinas,
y dejó caer pétalos de temor.

De 20 a 30 hay 10 años,
pero también dos hermanos,
que por alguna razón ajena al tiempo,
se unieron para apoyarse,
se unirse en su mismo ramo de tulipanes.
Se unieron para crear y ser parte de un mismo
sentimiento,

De diferentes óvulos,
y diferentes espermatozoides,
pero de la base del amor,
nacimos tú y yo
Para que en la eternidad
Por miedosa que sea,
estemos los dos,
juntos,
cogidos de la mano.

Princesa de la oscuridad

Hoy te sentí,
hoy te soñé,
princesa de la oscuridad.
Soñadora en mis noches de sueño,
estrella en noche de luna negra.
Hoy te sentí,
cerca a mi cuerpo,
cerca a mi alma,
cerca a mi ser.
Sentí que te sentía,
aun cuando no estabas conmigo...
Saber que te sentí es más satisfactorio
que el manantial de pensamientos,
que si no te hubiera sentido,
seguro hubiera llegado.

Hoy te sentí,
en mi sueño,
en mi mente,
en mi ficción.
Hoy te sentí ahí,
pues la ficción puede no ser tan ficción como la
realidad,
pero seguro fascinante.

Hoy,
princesa de la oscuridad,
supe cuán lejos estabas de mi ser.
Recordé aquellos momentos en donde tomados
de la mano,
intentábamos llegar a la madurez por medio de
lo inmaduro.
Tomados de la mano para que juntos,
soñáramos en sueños soñados.

Princesa de la oscuridad,
eres la única que existe.
Oscuridad de mi mente,
mi corazón, de mis noches.
Oscuridad que necesito para encontrarme
conmigo mismo.
Oscuridad, pues es la única,
que me hace sentir,
sentir que sí estás aquí.

El tren del olvido

Hoy...
Sintió miedo.
Rechazo de los rechazables.
sintió no poder más.
Hizo llamadas para encontrar apoyo,
y con ellas,
sólo encontró rechazo.
Lo que seguro nunca espero.
Tomó una decisión,
decidió no vivir más,
de no sobrevivir a esto que llaman vida,
que es seguramente la prueba más grande.

Como todo, se preguntó qué hacía en ese
mundo.
Y como todo, no encontró respuesta a lo
inexplicable.
Decidió irse,
tomar un tren de olvido y no volver nunca más.
Dejó a su lado personas que sin entender,
la querían más de lo que se podía imaginar.
Pero es difícil entender,
entender que no todos quieren igual.
¿Y cómo hacer para entender?...
No existe manera.

No hay manera de entender algo tan complejo,
porque uno tampoco sabe cómo quiere.

Hoy se sintió sola,
rechazó todo lo que para ella era rechazado.
Tomó el tren del olvido,
alejó a estrellas que estaban intentando iluminar
y una que otra luna.

Sin darse cuenta
se sentó en el andén de la calle,
tomó dos cigarrillos
y escuchó por primera vez el silencio.
Lo admiró
y se enamoró de él.
Entendió cómo debía vivir.
Tomó el tren,
y prometió tomar el de regreso,
pero se marchó tan rápido como el viento.

Yo...
Yo aún,
con la angustia de que ese tren vuelva,
espero.
Espero a que ella decida notar
las estrellas y las lunas,
qué la pueden admirar.

Amor de Ángeles

Juntas,
unidad,
cerca,
desnudas.
Sólo las dos,
a oscuras,
sin ruidos,
rozan sus pieles,
sus pieles rozan,
rozándose,
sintiéndose,
besándose.

Amigas,
simplemente amigas,
amigas para los demás,
Ángeles entre sí.
Amor puro,
sincero, real.
Amor eterno,
de aquí al final.

Sin que nadie opine,
sin que nadie las mire,
se toman las manos,

se abrazan,
se lanzan besos.
Sin que nadie opine,
se aman,
las dos,
únicas,
ellas,
desnudas.
Nadie las detendrá,
nadie las incomodará.
Amor de Ángeles,
pureza celestial.
Las dos amándose,
hasta la eternidad.

La amistad, ¿una mentira? o ¿una mentira verdadera?

¿Qué se hace cuando una amistad no es sincera?
¿pero aún peor cuando es ciega?
¿Qué solución se tiene a la dependencia de alguien?
¿pero no cualquier alguien?
Ese único ser que tendió la mano por primera vez,
que borró las barreras de la vida y las convirtió en metas por alcanzar.

¿Qué se hace cuando se desconfía de un amigo?
¿pero el amor lo oculta en el sueño?
¿Qué se hace cuando la desconfianza, la mentira y la maldad,
son más fuertes que la misma felicidad?

Una amistad debe ser desinteresada, debe ser fuerte pero sobre todo valiente,
para saberla sobrellevar.
Una amistad puede ser única, pero tal vez,
también puede ser la puerta de entrada a otras posibilidades.

A veces el sentimiento de culpa agobia nuestros sentidos,
a tal punto que nos lleva a la desesperación.

¿Cómo saber quien tiene la razón?
¿Cómo saber si una mentira es verdadera? o ¿el mentiroso es uno?
¿Qué hacer cuando una amistad no tiene hilo conductor?

¿Es necesario acabarla?

¿Pero qué pasa si la amistad es el hilo conductor de la vida?

Agradecer

Agradecerle al alma por mi sonrisa.
Agradecerle al corazón,
a la mente,
a mis recuerdos
y a los tuyos que siguen vivos.

Agradecerle al tiempo,
al cuñado,
al recuerdo,
a la hermandad,
a la confianza,
a la honestidad,
a la vida,
a la razón,
al cuerpo,
a la energía,
al colegio.

Agradecerte a ti,
por quien hoy soy.

Tranquila

Canta para mi mente intranquila,
con tu sonrisa de alegría.
Cántame,
cántala.

Siéntate en el muslo de tu amor,
respira,
tómale la mano,
sueñen juntas.
Tranquila.
Mírame a los ojos,
desnuda tu alma,
yo la cubriré con pétalos de consuelo.

Mírame,
tranquila.
Vuela hacia el horizonte,
donde se encuentra la vida,
vuela hasta el infinito
y haz pirotecnia con tus sueños.
Tranquila.

Toma mi mano,
caliéntame,
siéntete tan cómoda como yo

y disfruta tu momento.
Suspira.

Camina con los ojos cerrados,
sin tus manos de protección,
camina,
sigue el camino.
Tranquila,
síguelo,
el camino de su aroma,
el camino de la verdad,
que tu brújula sea su palpitar.

Tranquila.
Yo estoy a tu lado.

El revés de lo derecho

Mil noches y una luna

Siempre me dije a mi mismo,
lo mejor es no pensar.
Hoy sí pienso.
Pasado fue aquél cuando me di cuenta que sí
podía enamorarme...
cuando cerraba las puertas de mi corazón.
Pasado fue aquél que me torturó en mil noches
con estrellas pero sin luna,
al abandonarme aquel sentimiento que creí
tener a mi lado.
El mundo no fue nunca más ese que mis ojos
admiraban cada día.

La respiración volvió a ser sólo esa necesidad de
mis pulmones con duración de segundos.
Busqué por infinidades de tesoros,
intentando volver a encontrar aquel talismán
que le faltaba a mi alma.
Busqué hasta por donde no debía buscar
y con aquella búsqueda no encontré sino lo que
ya vivía en mí.

Aquel órgano siguió latiendo y mi ser cerró
todas las puertas de poder encontrar no el
mismo talismán,
Sino también una piedra preciosa que hasta el
mundo llegara a desconocer.
La luna me despertó hoy,
como el sol lo hace todas las mañanas,
pero era ella quien me iluminaba en su lejanía.
Esa luna hoy sigue brillando,
aún con más intensidad,
pero está lejos de mi vida y de mi ser.

Hoy pienso cuando se irá,
y creo que no debería pensar eso,
pues es ella quien ha vuelto a mí la esperanza.
Las ganas de volver a soñar en un día mejor,
volvió a mí lo que creí haber perdido,
llegó a mí para recordarme quién era.

Las palabras que pueden salir de mi boca,
pueden decir y negar tantas cosas que mi
corazón siente,
pero es el viento galopante que me aterra,
aterra a mi ser,
ser víctima de otra avalancha.

La luna continúa ahí, en mi ventana que ya ha
sido limpiada.

Ahí, estática sin movimiento alguno,
como si quisiera ser admirada,
tan cercana y tan lejana,
cada día y cada vez.
Lejana tanto para mis sentidos,
como para mi corazón.

De ella no pude sino probar un suspiro de su
esencia,
pues ella decidió brillar para otras personas.
Mi mente la deja ir,
pues todo lo que llega no lo hace para
quedarse,
pero mi ser queda con todas las ganas de poder
llegar a compartir con ella una última noche
Que era todo lo que esperaba.

Conocerla de cerca,
susurrarle al oído que me gustaría tan sólo un
café mañana
y no una eternidad líquida.
Sólo conocerla,
tocarla,
sentirla,
para así sentarme con el corazón en la sala de
mi casa y preguntarle...

¿Qué aprendiste hoy?

Ojos verdes y pelo de químicos... yo el ignorante

Este soy yo,
que piensa en no pensar,
que lucha con espadas contra el corazón,
que lucha para evitar ser criticado,
lo que de todas formas pasará.
Aquél que lucha para no alejar una simple
invitación continua de café y cigarrillos
y que por sus palabras escritas en bond de clase
de dibujo,
termina hasta alejando la llamada de mañana.

Este soy yo,
ignorante de la literatura,
pero fascinado por las letras.
Ignorante de la filosofía,
pero adicto al pensamiento de un mortal
pensante.
Este,
el de los ojos verdes y pelo trastornado por
químicos.

Ese que busca vivir en el cielo,
aun sabiendo que en el suelo se vive mejor.
Soñador de un sueño,
de una meta,

de una familia,
del hombre,
del amor.

Aquél que desconoce de Aristóteles y Platón,
que se inspira leyendo a Jattin y Marguerite mil
veces deseando revivir a Antínoo en su mente.
Aquél que cree que Britney canta bonito
y que el primer Oscar será para él,
cuando lo único que sabe de cine es que
Spielberg es un director
y que los planos cuentan las palabras en
imágenes.

Ese ignorante que cree saber todo, cuando en
realidad no sabe nada.
Que cree tener todo y en sus manos sólo tiene
muestras de sus derrotas.
El chacho...
Lo máximo...
Ese que se cree ser eso,
cuando no es sólo uno más con los mismos ojos
verdes,
y el pelo trastornado por químicos,
que hoy se encuentra pensando en...

Ojalá me hubieras conocido.

Hoy me di cuenta

Hoy me di cuenta que te tenía que mirar.
Hoy me di cuenta,
cuánto perdía y cuánto ganaba.
Hoy...
después de cinco meses de conocerte,
de dejarme llevar por las opiniones,
por pretender querer tener otras cosas,
y por intentar escribirle a otras personas.

Hoy después de tanto tiempo,
caí en cuenta que quiero estar contigo,
pero también hoy me di cuenta
que para ti ya era demasiado tarde.

Explotación de placeres

Aquí acostado,
con los ojos más abiertos que nunca,
con 4 cobijas cubriéndome
mientras yo sudo la intranquilidad
y me congela la angustia.

Con una mano sostengo mi corazón
para que no se vaya a salir de palpitaciones,
con la otra sostengo el celular,
esperando que te acuerdes que quedaste en
llamarme.

No me moveré de esta angustia
y cuando decidas dejar todo atrás y me
marques,
tengo que estar seguro que yo también estaré
dispuesto a dejar todo atrás.

Estoy confundido,
pero no le doy trascendencia.

No quiero pensar en el después de la llamada,
en el día después,
en el mes.
Y la vida
¿por qué?
¿si siempre pienso en eso?

Por qué sí lo hago,
mi corazón no se contendrá más,
y cuando tu nombre aparezca en la pantalla
Seguro explotará de placeres.

¿Que te escriba un poema?

¿Quieres que te escriba un poema?
¿Que una mis sentimientos y los vuelva en
música para tu corazón?
en donde el mío haga la melodía,
y así
se una al tuyo.

¿Quieres que te haga un poema?
¿para sentirte más cerca que nunca?
¿para que soñemos con el amor
¿y nos deleitemos con nuestras alegrías?

¿Quieres que te haga un poema?
¿A ti?
¿sólo a ti?
¿para que la amistad sea única
para llevarla al mundo
y con ella,
junto con el amor,
mover el cielo y la tierra?

¿Para qué quieres un poema?

Un sentimiento hecho papel.
Si no necesito esforzarme,
fumarme un cigarrillo
y tomarme un late,
si el poema, ¡eres tú!

Llévate mi pañuelo con tu viento

Cállame con tu mirada,
cuando mis palabras sobran en tu pensamiento.
Cállame.
Déjame mirarte mientras piensas.

Llévate mi pañuelo con tu viento,
ese susurrante de calor,
ansioso por un deseo,
e inquieto por un sentimiento.

Llévate mi pañuelo hasta el fondo de tu alma,
hasta el interior de tu ser
y el infinito de tus pensamientos.
Sóplalo,
juega con él.
Yo lo sentiré,
te sentiré a ti y a tu viento que se lo lleva.

Llévate mi pañuelo en un respiro,
en el respiro junto al mío
y juega con mi cuerpo como si fueran palabras.

Llévate mi pañuelo con tu viento,

besando el emancipar de ese lugar
desconocido.
Llévatelo al recóndito de los placeres,
bésalo como si fuera la primerísima intensidad
de tan extraña luz,
mientras tú,
con tu pompotuosa anhelación de nube,
descubres cada uno de su espacio
y mientras el viento sopla y tú continúas
distante...

Llévate mi pañuelo con tu viento de
pensamientos.

Siempre hay espera

Cómo decirte no,
ante el placer de tu cuerpo.
Cómo decirte no,
ante tu boca…
cuando está cerca de la mía.

Cuándo decirte
para,
sigue,
esperemos…
si las respuestas aún flotan intocables.

Cómo atreverse a jugar con el amor,
cómo ponerlo en cuestión
y esperar que haga su labor…
Que al uno o al otro lo atrape.

Seré yo el primero,
el primero en tomar el paso,
el primero en tomar la pluma y decir

Ante la cotidianidad de la gente,
el sentido general de la carne
y el fuerte suspiro que provoca tu fragancia ante
tu desnudez.
Al respeto de los placeres....

¡Siempre hay espera!

¿Qué tienes para mostrarme?

Desnuda tu cuerpo para mi alma,
desnuda tu cuerpo por esta vez,
desnúdalo,
desnúdame,
¿qué tienes para mostrarme?

Rosa el blesal,
joga al amál,
e insinúate con tu cuerpo pasional.

Toca la pierna,
con la llenura de tus dedales.
Atrévete,
toma el paso.
Las huellas las consideraremos al dejarlas
y sumerjámonos en sueños de cantaplares…

¿Qué tienes para mostrarme?

Hoy podría morir

Si pudiera elegir cuándo moriría,
seguro escogería hoy como el día más indicado.
Porque no pienso cómo morir más que con una
sonrisa en mi corazón,
y si hoy no estoy alegre, no sé entonces qué es
la alegría.

Si me dieras tú a escoger cómo moriría,
sin dudarlo diría que en tus brazos,
con mis labios unidos a los tuyos
y mi corazón palpitando junto a ti.
Si me dieran a escoger cómo moriría,
no desearía que fuera muy viejo,
con mucho dinero y durmiendo.
Dejaría todo eso atrás…
sueños de muchos tal vez,
para morir viéndote sonreír.

Para morir en el día que yo escogiera así fuera a
mis diecinueve,
Por qué morir a los cien sin tus ojos ni tu alma,
y a mis diecinueve cerca a tu corazón,
seguro con eso, viviría más en la eternidad.

Por eso si me dieran a escoger cuándo moriría,
diría que hoy es el día que escojo.

Pero hoy ya no es...
me tardé en pensar,
y hoy ya fue ayer,
y no moriré el día que yo deseé.

Buen día

Hoy pasamos un buen día,
nunca me imaginé vivirte aquí, tan cerca.
Al conocerte, una especie de magia hizo vibrar
mi piel...
pero la tuya vibraba por otro.

No hice más que conocerte,
algo que por razones del pasado no quería
hacer.
Pero después de unas tantas copas tuyas
y una buena cantidad de nicotina por parte mía,
te di el consejo que mi corazón alguna vez
necesitó,
"el luchar por un amor".

Conocí personas y probé de ellas sus esencias,
y de muchas más que eso,
pero en algunas noches de luz,
recordaba tu aurea.

Hace unos días me tomé un café junto a tu
compañía,

te volví a llamar
y pasamos un buen día.

Tu cara,
tu rostro,
tu nariz imperfecta pero perfecta para mi
necesidad,
tu columna que por tu altura se encorva,
haciéndote de ti a mí más pequeño.
Tus dedos largos y delgados
y tu boca que ansío besar un buen día…
cuando deje de ser tan inseguro,
y me atreva a cerrar mis ojos y acercarme a ti.

Para ese amor...Único

No estoy bien,
y después de tantos años de escribirte y
perderte en las letras,
hoy
sigo escuchándola a ella.

Esta semana, el recuerdo de tu amor,
de tu amor que me entregaste y dejé ir...
Lo siento.
Sólo hoy me doy cuenta por qué te perdí.
Hoy la canción que hace sonreír a mi
acompañante,
a mi reflexión,
me hace recordarte,
y después de años de escribirte,
de escribirle a él,
al amor,
en masculino.
Después de tanto...
tu pared,

mi ventana,
tu mural sigue en mí...
en mi corazón.

El amor pasó,
pasó y me saludó,
me invitó a pasar.
Lo siento,
hoy me quedo sin palabras
pensé estar enamorado...
Y no de ti.

Hoy perdí un amor
y después de años de haber pasado,
hoy más que nunca,
me siento con la necesidad de escribirte,
de aceptarlo.
Fui un idiota,
soy un idiota...
Te perdí.

Nunca había perdido un amor,
es triste perderlo,
No sé qué pensar,
lo siento...
Ojalá no te hubiera perdido.

Gracias...

Hoy te amo,
hoy sé que te amaré por siempre…
Gracias.

…..

Sin palabras,

…..

Ojalá no te hubiera perdido.

El revés de lo derecho

Pretendo seguir escribiendo,
desgastando mis manos con el papel,
desgastando mi corazón…

No todos tienen la fortuna de ser derechos,
no todos tienen la fortuna de ser el revés.

Pero para mí, un simple mortal,
que seguirá enamorado del amor,
que seguirá creyendo en ese amor que mueve
el sol y las estrellas,
el revés de lo derecho es mi virtud,
es mi don,
es mi inspiración.

Salud por el revés.

Al fin y al cabo es el único derecho que he
conocido y conoceré.

Biografía

Juan Sebastián Valencia nace en Cali, Colombia el 27 de febrero de 1985. Estudia el Colegio en Cali (Colegio Bennett) donde escribe su primer libro "Just a Dream".

A los 18 años viaja a la capital de Colombia, Bogotá, para iniciar sus estudios en Dirección de Cine. En ese mismo momento comienza la escritura del libro "El revés de lo derecho".

En la escuela de cine Black María, Juan Sebastián inicia la búsqueda de otro tipo de escritura y así incursiona en el guión cinematográfico con su primer cortometraje Tango, el cual también dirige para el 2004.

WWW.STORYFILMHOUSE.COM
Los Angeles (1- 424) 2530441
Bogotá (57- 301) 2794409

WWW.JUANSEBASTIANVALENCIA.COM
Official Site

eBook: ISBN: 978-958-44-6261-9
Paperback: ISBN: 978-958-46-4999-7